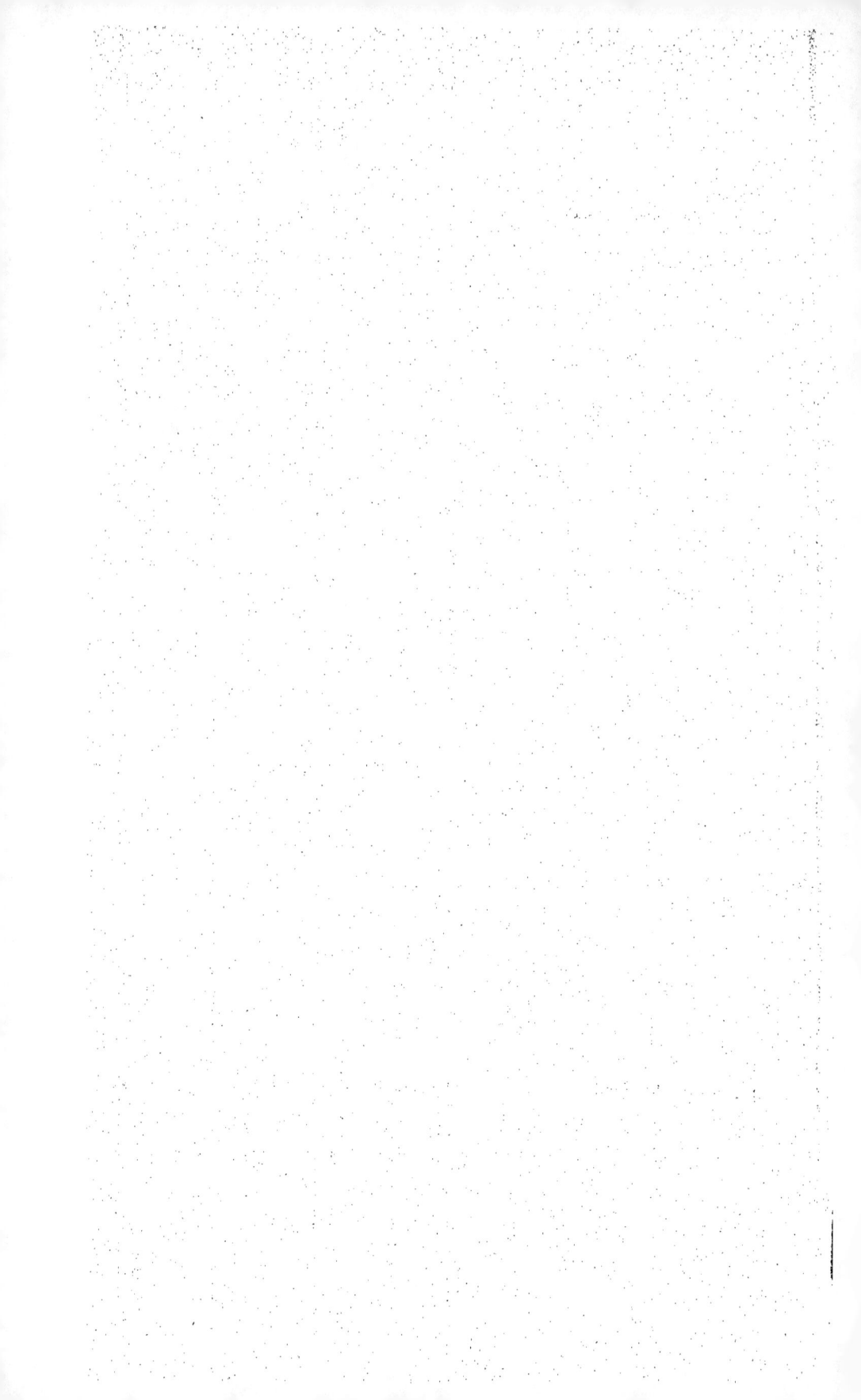

LILLE

NOMMANT SES DÉPUTÉS

AUX ÉTATS-GÉNÉRAUX

PAR

M. V. DELERUE

Membre de la Société Impériale des Sciences, de l'Agriculture
et des Arts de Lille.

———————————— ❖ ————————————

LILLE,
IMPRIMERIE L. DANEL
1869.

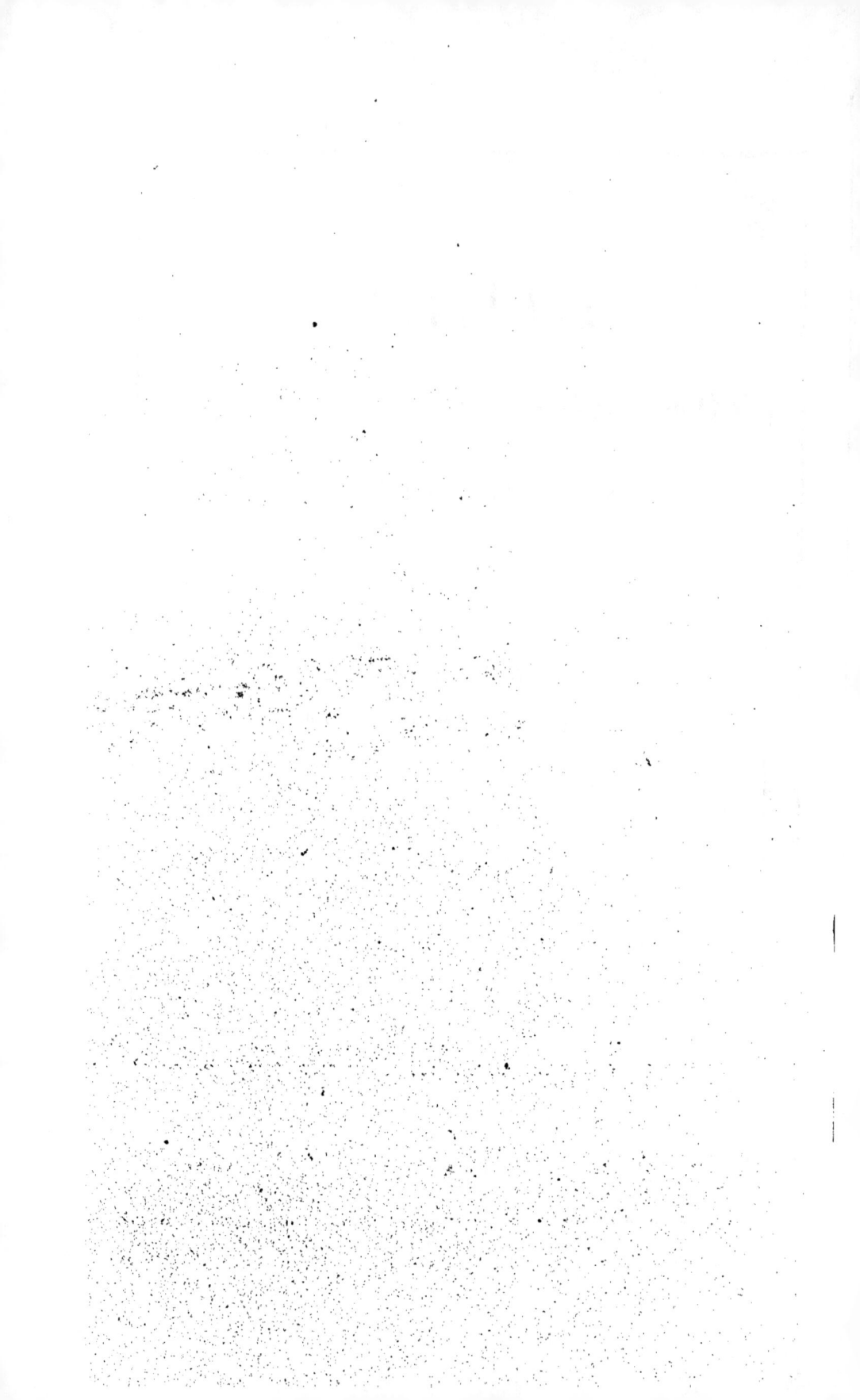

LILLE

NOMMANT SES DÉPUTÉS AUX ÉTATS-GÉNÉRAUX.[1]

(EXTRAIT D'UNE ÉTUDE SUR LE MOUVEMENT RÉVOLUTIONNAIRE
DE 1789, À LILLE, 4ᵉ CHAP.)

PAR M. Vᵒʳ. DELERUE,

Membre de la Société Impériale des Sciences, de l'Agriculture
et des Arts de Lille.

I.

Il n'entre point dans le plan de notre ouvrage de rechercher, d'approfondir les causes de la Révolution, mais, néanmoins, il faut le dire, une vérité rayonne au milieu des recherches que nous avons dû faire pour nous livrer à notre part de travail sur ce sujet immense; c'est que la révolution devenue nécessaire, indispensable, inévitable même, pouvait et devait s'opérer avec calme et sagesse, car le but qu'elle avait à atteindre était indiqué, et l'effet qu'elle devait produire était consenti à l'avance par les trois ordres qui, comme le prouvent tous les documents historiques de cette époque, avaient unanimement reconnu ces grands principes:

1° Que le gouvernement français était un gouvernement monarchique.

2° Que la personne du Roi était inviolable et sacrée, sa couronne héréditaire de mâle en mâle et qu'il était dépositaire du pouvoir exécutif.

1 Extrait des Mémoires de la Société impériale des Sciences, de l'Agriculture et des Arts de Lille, année 1868, IIIᵉ série, 6ᵉ volume.

1869

3° Que les agents de l'autorité seraient responsables.

4° Que la nation faisait la loi avec la sanction royale, et que le consentement national était absolument nécessaire à l'emprunt et à l'impôt.

5° Que l'impôt ne pouvait être accordé que d'une tenue d'États généraux à l'autre.

6° Que des États généraux, périodiques ou permanents seraient établis.

7° Que la propriété et la liberté individuelle étaient sacrées.

Et 8° Que la religion catholique était seule dominante et eût un culte publique.

D'où vient donc que la révolution s'est jetée, comme par fatalité, dans les plus déplorables excès? D'où vient qu'elle n'a pas attendu, déjà grande et forte à sa naissance, que le temps fît croître naturellement les germes de bien et de réforme déposés dans la constitution de 1791 par l'assemblée nationale!! Nous le répétons, pour nous la cause est toujours la même: l'introduction des dernières classes de la société dans la chose gouvernementale par suite de l'abaissement progressif du cens électoral et du cens d'éligibilité alors que les masses n'étaient pas préparées par l'instruction à jouir avec discernement d'un si grand bienfait.

II.

En général on n'est pas assez reconnaissant envers ceux qui nous ont précédés dans la vie, qui ont reconnu, aplani les chemins où nous marchons si librement aujourd'hui; on oublie trop ces paroles d'un sens droit et pratique: *On retrouve beaucoup mais on découvre peu;* je sais bien qu'on va me rappeler les chemins de fer, la télégraphie électrique, l'éclairage au gaz, etc., etc., ces merveilles des temps modernes. Mais là même il y a bien plus d'applications neuves, de développements

extrèmes, que de réelles découvertes ; car la vapeur, l'électricité,
le gaz hydrogène, existaient comme principes , comme éléments
depuis bien des siècles ; nouveaux Moïses, nos modernes savants
ont frappé le rocher et des sources abondantes en ont jailli.

Ces réflexions me sont venues en parcourant *les cahiers des
plaintes, remontrances et doléances* rédigés en 1789 par toute la
France pour être présentés aux États-généraux et pour appeler
l'attention du roi Louis XVI sur les réformes que deux siècles
avaient rendues nécessaires , indispensables même dans l'organisation gouvernementale, judiciaire , financière et économique
de la France ; car dans ces cahiers aussi se trouvaient les germes
de la plupart des réformes et des lois dont nous recueillons
aujourd'hui les bienfaits.

Là, aussi , il n'y avait que le rocher à frapper. Nous allons en
fournir la preuve en parcourant rapidement les cahiers rédigés
à Lille par le Tiers-État, la Noblesse et le Clergé.

Mais avant d'aller plus loin rappelons ce qu'étaient les États-
généraux et les cahiers que nos aïeux y présentèrent.

III.

Les États-généraux étaient l'une des principales bases de
l'ancienne monarchie française, ils avaient la noble mission de
signaler les abus et de provoquer les moyens d'y remédier, mais
ils n'étaient réunis qu'à de rares époques ; et une fois ces États
séparés les abus se renouvelaient et reprenaient tout le terrain
qu'ils avaient momentanément perdu.

C'était le seul droit de pétition qu'avaient nos pères,
encore fallait-il que le Roi le provoquât, c'est ce que fit
Louis XVI par lettre royale du 24 janvier 1789 alors que près
de deux siècles s'étaient écoulés sans que les besoins du peuple ,
je dirai plus justement les besoins du temps, eussent eu leur
interprète, car les États-généraux n'avaient pas été convoqués

depuis le 17 octobre 1613, sous Louis XIII, encore furent-ils congédiés aussitôt les premières paroles qu'ils firent entendre sur les désordres de l'administration.

Deux siècles donc, nous le répétons, allaient s'achever, lorsque le 24 janvier 1789, parut enfin la lettre par laquelle Louis XVI appelait si noblement le concours des députés *pour proposer, remontrer, aviser et consentir tout ce qui pourait concerner les besoins de l'État; la réforme des abus, l'établissement d'un ordre fixe et durable dans toutes les parties de l'Administration, la prospérité du royaume et le bien-être de ses sujets.*

IV.

La publication de cette lettre royale fut immédiatement suivie de celle d'un règlement particulier pour son application aux États de Flandre.

Voici ce qui y donna lieu :

A peine la tenue des États-généraux fut-elle arrêtée, que le Magistrat [1] prétendit avoir le droit de prendre, dans son sein, les représentants que le tiers devait y envoyer, parce qu'il était, disait-il, le représentant légal des ville et châtellenie de Lille, et au moyen d'intrigues en haut lieu et de transactions habilement ménagées avec le clergé et la noblesse, ces deux ordres et lui étaient à la veille d'obtenir un règlement royal qui consacrât cette injustice en statuant entre autres choses.

« Que l'ordre du Tiers-État serait composé du Magistrat de

Le Magistrat de Lille, qui prenait aussi le titre de : *La Loi*, était un corps qui comptait trente-trois membres principaux; il avait un chef appelé Rewart, douze échevins, le premier ayant le titre de Mayeur, douze conseillers et huit prud'hommes.

Le rewart, les échevins et les conseillers étaient élus par le Roi et les prud'hommes par les quatre plus anciens curés de la ville.

Ce corps avait une juridiction en quelque sorte universelle sur toutes les causes et matières civiles et criminelles; il avait aussi l'administration des deniers de la commune.

» la ville de Lille et des Députés des villes de Douay, Orchies,
» Cassel, Bergues, Bailleul, Dunkerque, Gravelines, Merville,
» de ceux du territoire de Wervick et de Warnéton-Sud et de
» quinze Députés des campagnes, dont six de la Flandre
» Wallonne, et neuf de la Flandre-Maritime, »

C'était, comme on le voit, se faire la part du lion et mettre
la bourgeoisie à l'écart dans une partie où elle avait tant d'intérêt à jouer un rôle actif. Mais le Magistrat de Lille avait
oublié que depuis deux siècles une grande masse de lumières
s'était répandue partout, que partout les préjugés tombaient,
que l'extension du cercle des connaissances humaines s'agran-
dissait de jour en jour, que la bourgeoisie avait grandi dans
l'ombre et l'oubli où on l'avait laissée, et qu'elle était mainte-
nant de taille à soutenir toute espèce de luttes.

En effet, aussitôt qu'elle eut connaissance de cette folle pré-
tention elle s'émut, tint des assemblées par corporations,
rédigea un mémoire, une protestation, une requête au Roi et
obtint de Louis XVI un règlement qui fit droit à sa juste récla-
mation en donnant à la Flandre une représentation conforme à
celle des États du Dauphiné.

Le mémoire présenté au Roi, en cette circonstance, était
aussi remarquable par la convenance et l'expression de la pensée
que par la force et la clarté du raisonnement : il ne faut pour
s'en convaincre que lire attentivement cette pièce.

Honneur à ces citoyens courageux qui les premiers ont élevé
la voix en faveur de l'émancipation de la bourgeoisie! Ceux qui
ont continué depuis lors cette belle cause ont trouvé une
route toute tracée, mais leurs devanciers se sont avancés dans
cette voie nouvelle sans autre guide que leur indépendance
naissante et leur amour du pays. Nous le répétons; honneur à
eux, et que leurs noms soient signalés à la reconnaissance
publique ! Les voici :

MM. Charvet et Reynart-Bigo, députés du Corps des merciers-
    grossiers-drapiers.

MM. Wartel et Lagarde, députés des avocats.

Couvreur et Duriez, députés des notaires.

Hoguez et Dathis, députés du corps des filtiers.

Pringué et Gosselin, députés des négociants et banquiers.

Danniaux aîné et Capron-Legay, députés des teinturiers.

Fauvel, Merlin et Salmon, députés des médecins.

Bernard Danniau et Vandame, députés des brasseurs.

Lelong et Chevalier, députés des perruquiers.

La Chapelle et Defive, députés des selliers.

Decroix et Brame, députés des apothicaires épiciers.

Dujardin, père, et Hoc, députés des menuisiers-ébénistes.

Dewarlez, Dumon et Pinguernan, députés des serruriers, marchands de fer, couteliers, etc.

Leroy et Oudart, députés des plombiers-étainiers.

Gobert et Dhainaut, députés des maçons.

Virnot et Beaussier-Mathon, députés des raffineurs de sel.

Desmazières et Denoyelles, députés des passementiers.

Destrez et Frazé, députés des chaudronniers.

Deledicque et Lemaire, députés des corroyeurs.

Dépinoy et Dufour, députés des cabaretiers.

Pitart et Moutier, députés des ciriers.

Cuvelier et Derecq, députés des tanneurs.

Hennion et Obin, députés des peintres-vitriers.

Bailliez et Martin, députés des tourneurs.

Crombé et Poissonnier, députés des manneliers[1].

De nombreuses mesures étaient prescrites tant par la lettre du Roi que par le règlement intervenu pour assurer la stricte exécution d'un aussi grand acte, mais nous n'en rappellerons qu'une, essentielle à constater ici, c'est celle qui appelait Lille à envoyer huit députés aux États-généraux, savoir : deux à nommer par le Clergé, deux par la Noblesse et quatre par le Tiers-État, ce qui rendait les députés de cet ordre égaux à ceux des deux autres, concession immense et que la Cour n'avait faite, on

[1] Imprimerie L. Danel, de Lille.

le sait, qu'après les discussions les plus longues et les plus vives.

Par suite de ces mesures et le 5 mars suivant, M. Dusart, alors lieutenant civil et criminel du souverain bailliage de Lille, rendit une ordonnance portant convocation pour le 24 du même mois, de l'assemblée des États de Lille.

Avant la tenue de cette assemblée solennelle, il était enjoint au Tiers, c'est-à-dire à tous les habitants des villes, bourgs, paroisses et communautés de la châtellenie, nés français, âgés de 25 ans, domiciliés et compris aux rôles des impositions, de s'assembler le jour le plus prochain, à l'effet de procéder à la rédaction de ses cahiers de plaintes et doléances, ensuite à la nomination de députés choisis pour porter lesdits cahiers à l'assemblée du 24 mars, et y élire ses députés aux États-généraux.

Les Membres de la Noblesse et du Clergé n'eurent point de députés à nommer pour cette assemblée, ils jouissaient du droit d'y paraître tous.

A cette même assemblée du 24 mars, les trois ordres devaient procéder à la rédaction d'un seul cahier, s'il était ainsi convenu entre eux, ou d'un cahier séparé pour chaque ordre.

L'assemblée eut lieu au jour indiqué.

La partie du Clergé qu'on appelait alors le bas Clergé y parut presque seule de son ordre, les hauts emplois s'étant abstenus de s'y rendre, trop certains des abus qui allaient être signalés, abus qu'ils reconnaissaient au fond de leur conscience, sans avoir ni assez de courage, ni assez de charité, pour en demander ouvertement le maintien ou pour en consentir l'abolition.

La Noblesse s'y fit remarquer par le nombre de ses Membres dont l'inscription s'éleva à 227. Le Tiers-État eut pour ses 36 représentans, nombre fixé par le règlement du Roi pour la Flandre, MM. Wartel, avocat, Salmon, médecin, Couvreur, avocat, La Chapelle, sellier, Jacquez, libraire, Bernard, brasseur, Roussel, rentier, Dugardin, menuisier, Duriez, orfèvre, Deledicque, couvreur, Brunin, charpentier, Lambert, huissier, Cattaert, tonnelier, Fiévet, procureur, Dupont, chirurgien, Coustenoble, procureur, Courtois, brodeur, Rouzé, poissonnier, Jacquerye, peintre, Wicart, procureur, Marchand, chirurgien, Dumont, serrurier, Herrengt, cordier, Cuvelier-Mahieu, tanneur, Fauvel, médecin, Moutier, cirier, Paquet, cuisinier, Mannier, tapissier, Dubois, huissier, Gobert, maçon, Beclin, pelletier, Tavant, graissier, Het, corroyeur, Bailliet, tourneur, Leroy, plombier, et Phalempin, peigneur de laines. Les trois ordres n'ayant pu s'entendre pour la rédaction d'un seul cahier, chacun d'eux rédigea un cahier séparé de ses demandes, plaintes, doléances et remontrances.

Le cadre que nous avons à remplir est trop restreint pour que nous puissions entrer dans de longs détails sur ces trois pièces ; cependant elles sont bien dignes d'être méditées comme expression de l'esprit et des besoins du temps, surtout par ces hommes ardents qui voudraient voir le bien s'établir aussitôt qu'ils le conçoivent ; ils y acquerront la preuve que les institutions sociales, quelque vicieuses qu'elles soient, ne se remplacent qu'après une longue suite d'années, de peines et de travaux. Une autre preuve encore en ressortira pour nous tous : c'est que nos aïeux ont touché de la pensée toutes les libertés que nous avons obtenues et toutes celles que nous attendons encore.

L'on sait que tous les cahiers du Tiers-État de France s'accordaient à réclamer une constitution libre, une égale répartition des impôts et le droit de tous les citoyens de parvenir aux emplois et aux honneurs en raison de leurs talents et de leur mérite.

Ces principes de justice dominent dans le cahier du Tiers-État de Lille, et la sagesse et la modération ne cessent d'y régner.

Certes, elles étaient pures les intentions de ceux qui l'ont rédigé, tout en lui appelait des changements, des améliorations, il est vrai, mais il les appelait avec une marche lente et paisible, et non avec ces mesures brusquées, violentes et successives qu'on prit comme par fatalité et qui jetèrent le trône, l'autel et la noblesse à-bas ; serait-il donc vrai que lorsque le peuple est appelé à toucher au pouvoir, à le contrôler, à le refaire en quelques points, ceux qu'il envoie à cette œuvre agiront toujours comme ces maçons maladroits qui, chargés de réparer, de soutenir un édifice, ne peuvent y mettre la main sans le faire crouler ?

A l'appui de ce que nous avons avancé, nous allons énumérer bien rapidement les points principaux contenus au cahier du Tiers-État de Lille.

Il demandait en termes très-respectueux :

L'inviolabilité des membres des états-généraux, l'exclusion de tous étrangers dans leur composition, les votes comptés par voix et non par ordre, le retour périodique des états, leur compétence exclusive pour consentir les impôts et les emprunts, la fixation des députés du tiers en raison de la population.

La simplification des impôts, l'égalité dans leur répartition et l'économie dans leur recouvrement, l'aliénation des domaines et droits domaniaux de la commune, à l'exception des forêts, l'abolition des droits de francs-fiefs et d'amortissements, le remplacement de tous droits et impôts sur l'industrie, par un impôt sur tous les citoyens, la suppression de tous droits levés au profit de Sa Majesté, des seigneurs et autres, l'attribution aux états-généraux du choix et de la forme des impôts, leur versement direct dans le trésor royal, l'annulation de cumul de pensions sur une même tête, la fixation invariable des dépenses de chaque département, la réduction des états-majors et de leurs prérogatives, la suppression de toutes lois, droits d'entrées gênant la liberté du commerce, l'obligation d'employer les étoffes nationales pour l'habillement des troupes, la liberté de la navigation sur les canaux et rivières, la suppression d'une grande quantité de droits, impôts, priviléges et prérogatives frappant le libre exercice de l'industrie.

Une réforme générale dans l'administration de la justice criminelle et par provision : l'abolition de l'usage de la sellette, des condamnations sans énonciation de crimes, etc.

La simplification dans les formes de la justice civile, la suppression des lettres de cachet et des visites domiciliaires par présomption de fraude, la liberté de la presse, la formation d'un code de commerce, l'attribution des faillites aux chambres consulaires, la création de ces chambres dans chaque province, l'établissement de chambres d'agriculture pour la campagne, auxquelles toutes lois concernant l'agriculture seraient renvoyées, un nouveau règlement pour l'alimentation des pauvres, un nouveau règlement pour la chasse qui rende ce plaisir des seigneurs moins nuisible aux cultivateurs, la liberté aux parties de se défendre en personne, sans avocat ni procureur, dans les causes qui n'excèdent pas cent florins.

Le prompt établissement des états provinciaux organisés sur les états-généraux, la nomination de députés par les contribuables, pour réviser les comptes des anciennes administrations et présenter des plans de réforme, la séparation des pouvoirs judiciaires et des pouvoirs administratifs, la nomination aux fonctions administratives par les citoyens, le rachat par les communes des offices créés héréditaires.

Un règlement dans lequel tous les fruits décimables soient fixés, le droit de préférence aux propriétaires riverains pour planter sur les chemins, le rachat par les censitaires de toutes rentes, dîmes, droits, etc., la suppression de tous petits offices grévant la classe la plus indigente du peuple, l'interdiction d'un impôt territorial sur les fruits, etc., etc.

Cette pièce, quoique signée par MM. J.-Bte Wartel, avocat, Couvreur, Cuvelier, Salmon de Courcol, Saladin, Delebois, P. S. Goeman, P. A. M. Pareut, D. F. Bartier, Debourgies, P. J. Desurmont, L. A. Poutrain, Dupont, Carpentier, Destombes-Bar, J.-B. Vaneslande, P. J. Lepoutre, Gahide, Chombart et Lezaire, n'eut, néanmoins, pour rédacteurs que MM. Wartel, Couvreur, Vanhoenacker, Lagarde, Beghin Daiquerne, Pankouke, Petit, Leroy, Salmon, Brame et Duriez, ainsi qu'on le voit dans une délibération du Tiers du 16 mars 1789.

Le cahier de la Noblesse est rédigé avec une largeur de vue, une intention apparente de concession, une justice et un patriotisme très-remarquables pour l'époque; néanmoins, en y regardant bien, on remarque que ce corps de l'État faisait meilleur marché des droits et prérogatives du souverain que de ceux qui lui étaient propres.

La Noblesse y reconnaît :

L'impérieuse nécessité de rétablir l'*ancienne constitution* de la monarchie française, dans laquelle *les pouvoirs* du prince et *les droits* de la nation étaient balancés dans un juste équilibre, où *tous les citoyens* étaient également protégés *par la loi*, où la loi n'était que l'expression *de la volonté générale*, où l'impôt n'était établi que *de l'octroi libre et volontaire* de la nation, assemblée qui en déterminait et surveillait *l'emploi*.

On y félicitait le roi d'avoir eu le courage de rechercher *la vérité*, de s'opposer *aux abus* et la force magnanime de soumettre *sa puissance à l'empire de la raison et de la loi.*

Enfin les mots de *Patrie*, de *Nation*, de *Citoyens*, de *Liberté*, etc., qu'on chercherait vainement dans le langage du Tiers, se trouvent si souvent dans le cahier de la Noblesse, qu'on est tenté de s'écrier :

Qui trompe-t-on ici ?

quand on se rappelle les misérables chicanes et l'entêtement féodal de la Noblesse à l'assemblée nationale.

En général, l'expression des mêmes besoins se trouve là comme dans le cahier du Tiers, seulement elle y est plus impérieusement énoncée; il y a bien quelques restrictions à la suppression de certains droits et priviléges de la Noblesse demandée par le Tiers, mais en revanche cet ordre demande ce que n'avait pas fait celui-ci :

1º L'interdiction de la violation du secret des lettres, qu'il déclare crime de lèse-foi publique;

2º La suppression absolue de la censure et la liberté indéfinie de la presse;

3° La suppression, par les lois, de tous moyens d'acquérir subitement une grande fortune et de s'enrichir sans travail; par suite, la suppression de l'agiotage et des loteries quelconques;

4° La responsabilité des ministres;

5° L'abolition des lettres de dispense d'âge à quelques exceptions près;

6° La déclaration que ni la conduite, ni le supplice des condamnés n'emportent note d'infamie pour leurs parents;

7° Des recherches sur le mécontentement qui paraissait exister dans l'état militaire;

8° Enfin la Noblesse déclare de contribuer désormais et également avec tous aux charges et aux besoins de l'État.

A côté de ces vœux si sages se trouvent malheureusement ceux-ci:

Administration des colléges par des prêtres réguliers en congrégation;

Incapacité des non-catholiques aux emplois et charges de l'État; interdiction à tous sectaires d'avoir culte, temple ni ministre;

Suppression de tous offices qui donnent la noblesse graduelle et transmissible;

Rétablissement de la loi qui impose à tous ceux qui font cession de porter un bonnet vert.

Ce cahier eut pour rédacteurs MM. le marquis de Croix, De Stappens, le comte de Lannoy, D'Hespel d'Hocron, le baron de Noyelles, Godefroy, le baron D'Elbecq . . . . et le comte de Thiennes, nommés à cet effet par leur ordre.

Quant au cahier du Clergé, il reproduit à peu près les mêmes vues larges et libérales qui se trouvent dans les deux autres cahiers, pour l'administration du royaume, de la province et de Lille, pour le maintien inviolable de la liberté individuelle et de la propriété, pour la liberté de l'industrie et du commerce, pour la prospérité de la religion, pour l'égalité des impôts et des faveurs de l'État, pour l'obtention du bienfait aux classes pauvres, de l'éducation physique et morale de la jeunesse, pour la suppression des abus qui existaient dans l'administration des finances et dans l'organisation de la justice criminelle.

Il demandait ensuite particulièrement pour son ordre :

L'établissement d'un conseil de conscience pour conférer les bénéfices à collation royale et pour ne pas conférer de prébendes à des ecclésiastiques non engagés dans les ordres;

L'augmentation de la dotation des curés, vicaires et prêtres des villes et campagnes de façon à leur procurer une existence honnête et décente et surtout suffisante pour leur fournir les moyens de pourvoir aux besoins dont ils entendaient tous les jours la déchirante expression;

Il était terminé par l'indication de nombreuses mesures à prendre pour la gloire et le bien de la religion et de ses ministres.

La lecture de ce cahier rappelle la situation du clergé si bien dépeinte par M. Thiers :

« Comment souffrir plus longtemps, dit-il, que certains évêchés embrassassent 1 500 lieues carrées, tandis que d'autres n'en embrassaient que 20; que certaines cures eussent 10 lieues de circonférence et que d'autres comptassent à peine 15 feux. Que beaucoup de curés eussent à peine 700 livres, tandis que près d'eux il existait des bénéficiers qui comptaient 10 à 15,000 livres de revenus. »

Il porte les signatures de MM. Billau, abbé de Loos; Gosse, abbé de Cysoing; Decarondelet, abbé de Seclin; Demuyssart, Blin, Galloin, abbés de Saint-Pierre; Saladin, curé de la Madeleine; Nolf, curé de Saint-Pierre; Descamps, curé de Saint-Maurice; Deledeuille, curé de Saint-Sauveur; Goullet, curé de La Bassée; Dupont, curé de Tourcoing; Liénard, bénéficier de Saint-Pierre ; Leblond , chapelain de St-Etienne, et Becu, secrétaire , tous commissaires nommés par leur ordre.

La rédaction des trois cahiers prit du temps; l'assemblée du 24 mars fut prorogée et les opérations ne furent réellement closes que le 10 avril.

Nous l'avons déjà dit: la réunion toujours promise et toujours différée des Etats-généraux avait merveilleusement servi les partis, chacun d'eux avait eu le temps de se bien préparer à l'acte solennel qu'on lui demandait et de se choisir des représentants entièrement dévoués à la cause qu'ils devaient défendre.

Le Tiers-Etat nomma pour députés aux Etats-généraux :

MM. Chombart, propriétaire à Herlies

Lepoutre, fermier à Linselles.

Wartel, avocat à Lille.

Scheppers, Négociant à Lille.

Et pour les remplacer en cas de maladie ou autre empêchement légitime.

MM. Poutrain , avocat à Mérignies.

Cuvelier-Bramc, négociant à Lille.

Couvreur, avocat à Lille.

Constantin Florin , négociant à Roubaix.

La Noblesse de son côté nomma :

M. le comte de Lannoy, seigneur de Wattignies.

Et M. Du Chambge, baron de Noyelles.

Et pour les suppléer :

M. le baron d'Elbecq , maréchal des camps et armées du Roi.

Et M. D'Hespel , seigneur D'Hocron.

Et le Clergé :

Monseigneur l'évêque de Tournay, abbé de Carondelet.

M. Dupont, curé de Tourcoing.

Et pour les suppléer :

M. Nolf, curé de Saint-Pierre.

Et M. Gosse, chanoine et curé de Comines.

Plein d'une louable émulation pour le bien public, chaque ordre établit un bureau de correspondance avec leurs députés à effet de leur faire parvenir les mémoires et pièces qu'on pourrait avoir à leur envoyer pour objets concernant les États-généraux.

Il n'est pas sans intérêt de mentionner ici qu'une statistique de l'assemblée nationale en 1791, ou plutôt un tableau de la part que chacun de ses Membres a pris à ses travaux range nos députés de la manière suivante :

MM. Nolf et Chombart parmi les agents actifs, mais secondaires, et MM. Decarondelet, d'Elbecq, Lepoutre et Scheppers parmi les simples manœuvres, c'est ainsi qu'on désignait ceux qui, par faiblesse, insouciance ou pusillanimité ont été attachés ou retenus au parti de la révolution.

Ces six députés siégeaient au côté gauche, vulgairement appelé : côté des enragés.

Nos deux autres députés, MM. de Lannoy et Du Chambge, ont fait partie de la minorité connue sous le nom des Noirs ou des députés qui n'ont voulu ni participer à la gloire de la nouvelle constitution, ni courir franchement les dangers qui pouvaient entraîner une résistance opiniâtre et marquée à la substitution de la démocratie à un gouvernement monarchique.

Nous le répétons, non ce ne sont pas les affreuses mesures prises en 1793 et 1796 qui ont sauvé la révolution et qui lui ont fait parcourir le cercle immense qu'elle a décrit ; car ces mesures n'ont guère produit ce qu'on en attendait pour le bien et pour le salut de la république, et n'ont profité, en général, qu'à ceux qui les avaient provoquées comme un moyen facile et prompt d'arriver aux places et à la fortune.

En effet, si l'on se rappelle qu'en 1796 la dette de l'État était restée si énorme, si effrayante, qu'il fallait 258,000,000, rien que pour en servir les intérêts, on restera convaincu que ce ne sont ni ces mesures, ni les ressources des 15 milliards créés avec les domaines nationaux et les assignats, mais bien l'énergique courage, l'ardent amour de la patrie dont nos pères étaient pleins qui ont su mener à fin notre régénération politique, cette œuvre de géants ! Nous ajouterons même que ce n'est pas non plus parce que la terreur et la guillotine étaient mises partout à l'ordre du jour que la révolution parcourait sa route immense, mais malgré ces affreuses mesures, elle avançait toujours malgré d'invincibles obstacles, par cela seul que tout ce qui était réellement noble, grand et français se battait aux frontières ou veillait à la Convention sans pouvoir disposer encore d'un moment pour faire un pas en arrière, renverser les clubs et disperser leurs déplorables milices. Disons comme Barrère : « Que la France allait par elle-même, par l'enthousiasme de la liberté et par la nationalité de ses nombreux volontaires plutôt que par des mesures, des lois et des ordres qui étaient expédiés comme de simples dépêches. »

Lille-Imp. L. Danel.

www.ingramcontent.com/pod-product-compliance
Lightning Source LLC
Chambersburg PA
CBHW050453210326
41520CB00019B/6188